AF590191

Ce livre est le

VINGT-SEPTIÈME

publié dans la collection

ROUGE

dirigée par J.R. Léveillé

direction graphique : Bernard Léveillé

soubresauts

(poèmes imprévus 2007-2012)

DU MÊME AUTEUR

AUX ÉDITIONS DU BLÉ, DANS LA COLLECTION « ROUGE »

HEURES D'OUVERTURE
poèmes de la vie courante, 2002-2007 (2007)

L'APPÉTIT DU COMPTEUR
poèmes accumulés, 1998-2002 (2003)

CORPS MÉTÉO
poèmes variables (1997)

LA SURCHARGE DU RÉSEAU,
poèmes du coeur électrique, 1988-1991 (1994)

D'AMOURS ET D'EAUX TROUBLES,
textes sur la fraîcheur, poèmes 1984-1987 (1988)

PRÉVIOUZES DU PRINTEMPS,
science-friction pour notre présent, poèmes 1973-1983 (1984)

AUX ÉDITIONS DU BLÉ, EN COLLABORATION
avec Bertrand Nayet et France Adams

VOYAGES EN PAPIER,
trois récits épistolaires (nouvelles, 2003)

DANS LA COLLECTION « BIBLIOTHÈQUE CANADIENNE-FRANÇAISE »

DES BRIQUES POUR UN VITRAIL
poèmes choisis (2008)

charles leblanc

soubresauts

(poèmes imprévus 2007-2012)

poésie

les éditions du blé
saint-boniface (manitoba)

Nous remercions le Conseil des arts du Canada et le Conseil des arts du Manitoba de l'aide accordée à notre programme de publication.

Nous reconnaissons l'appui financier du gouvernement du Canada par l'entremise du Fonds du livre du Canada (FLC) pour ce projet.

Conception de la maquette de couverture : Eric Ouimet
Illustration de la couverture : Shaun Morin – *Catch & release*, 2009, acrylique
Mise en pages : Lucien Chaput

Les Éditions du Blé
340, boulevard Provencher
Saint-Boniface (Manitoba) R2H 0G7

http://ble.avoslivres.ca

Distribution en librairie :
Diffusion Prologue, Boisbriand (Québec)

Catalogage avant publication de Bibliothèque et Archives Canada

Leblanc, Charles, 1950-, auteur
Soubresauts : (poèmes imprévus 2007-2012) / Charles Leblanc.

(Collection Rouge)
Poèmes. Publié en formats imprimé(s) et électronique(s).
ISBN 978-2-923673-92-9 (couverture souple). – ISBN 978-2-923673-93-6 (pdf).
– ISBN 978-2-923673-94-3 (epub)

I. Titre II. Collection: Rouge (St. Boniface, Winnipeg, Man.).

PS8573.E248S68 2013 C841'.54 C2013-905339-5
C2013-905340-9

combats

les voix humaines sont intarissables

je suis couché pour mieux entendre
ces bruits de ferraille en mouvement
dans des villes étrangères
sous les ordres d'officiers modernes
réalistes comme des billets de banque

j'entends aussi
le claquement de la panique
dans les maisons éventrées
ailleurs c'est la déchirure d'une explosion
dans un marché animé de bonnes intentions
les hululements soulèvent les cercueils

j'écoute attentivement
les appels lancinants des affamés
le choc mou des diamants sur les bras amputés
les cataclysmes débordants
qui noient les tentatives de survie
les déserts qui rhizoment la planète
et grisonnent les continents

puis ce sont les discours soucieux
qu'assaisonnent le fatalisme d'experts lointains
et les concerts plus grands que nature
qui proposent des images mondialisées
pendant une brève période anxieuse
pour se sentir bien de se sentir mal

j'ai les oreilles ouvertes
au grondement des machines
dans leurs enceintes d'acier
où ça travaille de plus en plus
ailleurs qu'ici

je suis attentif
au crissement des pneus neufs
dans la nuit surchauffée
à l'écho des idées de grandeur perdues
lorsque s'éteignent les lumières
sur les marquises optimistes
au grincement des chariots d'épicerie
poussés par des ombres obstinées
qui chassent des trésors dans les rues
et aux murmures des enfants
dans les lits envahis

je discerne
la rage enfouie de tous ceux et celles
qui en ont assez du malheur de vivre
comme des chiens agités
prêts à faire n'importe quoi
pour ressentir quelque chose
parce qu'il faut bouger dans le vent
ne pas geler sur place comme un cri primal
enfermés impuissants
dans un rêve de liberté monochrome

je me concentre
pour reconnaître le son clair
des gestes de complicité lucide
dans les quartiers dévastés
ces femmes et ces hommes
qui coulent des fondations solides
pour loger leur vie

mes tympans vibrent
dans le silence réparateur des jours d'éclaircie
les voix chaudes des conversations nourries
pour se raconter des nuits glorieuses
et surtout la musique
les chansons d'espérance immense
et de révolte sourde
les notes voyageuses offertes à l'air ambiant
quand ce n'est pas la nonchalance étudiée
du rire contagieux de tous ceux et celles
qui résistent aux intrusions incessantes

j'entends ce que je peux capter
au-delà des murs poreux
une rivière de paroles en crue

(janvier 2008)

quelques mots pour gabrielle

hommage à gabrielle roy

une fin de nuit en 1982
je suis sorti de l'usine
comme tous les matins du monde
après avoir livré ma livre de chair
mais la ville avait disparu
dans le brouillard incertain
d'un avenir que je croyais ensoleillé

une autre fin de nuit
quelque part dans les années quarante
un personnage créé par gabrielle
est sorti d'une usine comme moi
le visage sale et souriant
mais les rues de son quartier s'étaient liquéfiées
le bonheur avait foutu le camp
pour de bon

pour cet homme et sa famille
le jour se levait chaque jour
comme une maladie chronique
tant d'histoires de misère
avaient encrassé les escaliers
et empâté le ciel

un premier roman pour gabrielle
qui s'est enfoncée dans la ville
pour éclairer l'énorme machine
pourtant
c'est la seule histoire désespérée
qu'elle nous a racontée

d'autres respirent la tristesse
des vies incomplètes
le poids des années
sur les catastrophes enfouies
les joies rêvées
sur des toiles jamais peintes
parce que jamais crues possibles
mais aussi
la joie réelle des élèves tannants
que gabrielle a connue
dans le nord du manitoba
comme ma mère
seule à dix-neuf ans
dans une école de rang
avec ses livres ses passions

toutes deux cherchaient à devenir
le personnage central de leur propre vie
debout sur le pont prêtes aux rencontres

(décembre 2008)

une maison est un refuge

1.

pour la construction
l'avenir adopte les matériaux composites
tandis que le passé court les bois
le présent se nourrit de béton
d'acier renforcé pour une protection
contre l'imprévisible
qui excite le quotidien
mais l'ennemi est plus proche qu'on pense
dans les armoires de la pensée

2.

faut-il fouetter un chat
travailler comme un chien
et manger de la vache enragée
pour conserver l'illusion propriétaire
la banque sait se faire oublier
jusqu'au moment où elle réalise
sa propriété réelle
et vous laisse la rue

3.

faut-il se terrer dans un bunker
ou vivre dans une auberge
craindre la menace des tondeuses
ou apprécier le quotidien des voisins
ériger des clôtures paranos
pour promouvoir l'isolement
ou entrebâiller des portes
pour entretenir la conversation

4.

dans des maisons indécises
entassées parfois comme des cigarettes
dans un paquet plein
neuf à dix par pièce
des personnes silencieuses se laissent mourir

comme des saumons
il faut remonter le courant
des générations pour comprendre
la tortue géante qui supporte le monde
la roue médicinale le foin d'odeur
et les siècles malheureux du passé récent

dehors dans la rue
d'autres personnes jasent

(octobre 2010)

tentatives de liberté

pour leonard cohen

un oiseau sur une branche
reprend son souffle
avant un long voyage

un homme plonge
dans son bonheur
avant l'ouverture du parachute

une femme danse dans un parc
seule avec le printemps
le rire dans les jambes

deux personnes se rencontrent
comme s'il n'y avait rien d'autre
que leur présence maintenant

un père à la pêche avec son fils
le bateau tangue
au rythme de la conversation intermittente

un comédien invente son personnage tous les soirs
pour mieux comprendre
ce qu'il est ailleurs

un tout-petit fait deux pas timides
s'écrase et se relève
la route n'a pas de fin

un jeune professionnel s'évade
de la ville pieuvre
coupe tous les liens électroniques

moi-même sur l'autoroute du nord
agrippé heureux peureux
à la moto de mon frère yves

une petite fille sur une balançoire
rêve de s'envoler
pour la beauté du geste

un vieux jardinier regarde sa nouvelle orchidée
après des années d'essais stériles

un jeune birman nord-coréen
filme une manifestation
avec un cellulaire de contrebande

un toxicomane marche lentement
parfois à reculons
vers sa première dose de méthadone

une jeune femme décide d'apprendre à lire
après un voyage à new york
où elle s'est perdue pendant trois jours

un cinéaste au bout de sa mémoire
se jette à l'eau d'un pont
tous les suicidés quoi

un gars soûl chante faux
le drame de sa vie
pour qui veut bien l'écouter

un déserteur fatigué de la peur
ne répond plus à l'appel des armes

un insomniaque chronique réussit
à fermer les yeux sur ses soucis

un couple anticipe un lit de plaisirs
pour immobiliser le temps

(décembre 2010-janvier 2011)

aptitudes mnésiques

la mémoire est l'identité,
l'identité est la mémoire
julian barnes

les roches ont une mémoire à très long terme
manie de collectionneur qui ne laisse rien passer
mémoire physique qui accepte toutes les traces
en les empilant les unes sur les autres
un ordre déchiffrable qui relativise
notre apparition plus ou moins accidentelle
quelques millions d'années plus tard

les plantes n'ont pas de mémoire à court terme
à perdre comme nous les humains
qui avons de la cervelle comme les oiseaux
nous souvenant heureusement d'oublier
certaines journées certaines années
pour ne pas ruminer le poison de la rage
du désespoir de la trahison

les animaux ont une mémoire variable
des éléphants qui en ont beaucoup
aux poissons qui en possèdent beaucoup moins
mémoire d'instinct pour la survie
un territoire et ses ressources
la même mémoire est gravée en nous
celles des catastrophes des agressions

nous stockons pourtant le souvenir de ce qui a été vécu
que nous voulons sélectif mais persistant
documenté depuis qu'on sait écrire
le poids de l'histoire des images symboliques
qui nous marquent toujours
des victoires médicales aux génocides
des triomphes du bon sens aux excès de révélation
des amours folles aux meurtres féroces

chacun a sa mémoire géographique
pour les retours au pays natal
à la mémoire affective
la dernière à s'évanouir

(avril-mai 2011)

débuts de roman

pour roberto bolaño

lorsque johnny sortit du lac
après avoir noyé sa grand-mère
il retourna tranquillement s'asseoir
pour finir sa bière

lorsque johnny sortit de la piscine
après avoir noyé son père
il prit une gorgée de scotch
sa main tremblait

lorsque johnny revint sur la plage
après avoir noyé sa mère
il s'essuya les cheveux
et se mit à pleurer
elle l'avait supplié de le faire

lorsque johnny se lança à l'eau
après avoir fait l'amour à gabrielle
il ne nagea pas très loin du quai
elle riait beaucoup à cette époque
il avait des doutes à son sujet

lorsque johnny sortit de la douche
après dix minutes d'eau froide
pour enlever le sang de ses vêtements
il se rendit directement à la cuisine
il voulait grignoter des jujubes
et peut-être même des jelly beans

lorsque johnny entra
dans les toilettes de l'aéroport
il but un verre d'eau rapide
on l'avait reconnu
il mit la main dans son sac
y trouva la douce froideur du revolver

lorsque johnny mourut la bave aux lèvres
il n'eut pas le temps de voir sa vie
défiler dans sa tête en feu
on enterra dans une fosse commune
ce qu'on avait pu retrouver
dans les poubelles

(juillet 2011)

relations industrielles (1979-1984)

à milton acorn émile coderre
philip levine dorothy livesay
thomas mcgrath tom wayman

1.

un matin sombre de fin d'automne
le soleil avait refusé de se lever
david s'est traîné jusqu'à l'usine
soûl à pisser son mauvais vin
sa bouche sombre en colère contre tout
peter et andy l'évitèrent comme d'habitude
et j'ai refusé de travailler avec lui

avec l'autorité d'un petit boss
nick lui proposa
d'occuper son temps tout seul
espérant qu'il se crucifie
comme le jésus portugais qu'il n'était pas
avec sa perceuse au plancher d'aluminium
de la soute à bagages de patty loveless
chanteuse préférée de fritz
dont les tournées en autobus
parcouraient les routes d'amérique
pour entretenir la mélancolie

mon contremaître allemand aimait boire
la musique country mais n'appréciait pas
son superviseur à chronomètre de rendement
fantôme des toilettes qui a mesuré nos absences
pendant quelques semaines de garderie

ancien soldat de la wehrmacht
pratiquement illettré en anglais
promu sans doute parce qu'il le fallait
fritz endurait mes idées d'extrême gauche
je ne critiquais pas sa musique
savais lire les formulaires écrire en anglais
je le dépannais il me dictait ses rapports
j'étais discret

2.

warren se souhaitait le look cool
d'avoir tout vu tout entendu
père de famille vantard fragile
manque de temps d'argent d'amour

bobby sautillait d'une tâche à l'autre
un air de reggae sous son afro
dansait en rivetant get the funk
sans souci en fête avec des amis

rachel soudait des carrosseries depuis 12 ans
famille de filles première à 18 ans
parlait fort quand elle en avait assez
des farces plates des ordres insensés

vittorio son auto sa dixième année
vivait chez maman dans l'immédiat
cherchait fille sexe amour peut-être
son rêve embué celui de sa mère

léo parlait ma langue mon oasis
sur la ligne de montage d'à côté
avait des histoires de science-fiction
plein les mains plein la bouche

zbignew en 81 avec les solidaires
âme polonaise anglais maigre travail assidu
nous parlions avec des bruits
des gestes des outils

3.

ce midi-là angelo s'assit à mes côtés
au soleil sur une caisse de pièces
m'invita à goûter son vin chez lui
je parlais français je devais connaître ça
ça ressemblait à la sicile
où il minait du charbon autrefois

trapu biceps comme des jambons
comme sa femme avait pitié
de ma minceur
je savais
qu'il croyait tout réparer avec un marteau
travaillait par bourrées de forcené
il me montra son jardin compact
m'expliqua sa recette de sauce tomate
on parla d'italie et de mer

angelo était l'homme fort
de mon cirque prolétarien

4.

dans mon entreprise de singes financiers
en attente fébrile des prochaines commandes
le président du syndicat se transformait le plus souvent
en dindon à cravate de la compagnie
après un mandat de bonne entente

comme un lion au ventre trop gras
qui ne rugit que pour la forme
l'agent d'affaires s'affairait à neutraliser
la volonté des ouvriers
pour les profits de la compagnie
à cheval sur son manège de petites combines d'ivrogne
n'aimait pas mes idées de tigre têtu
que je demande informe confronte
que je griffe sa crédibilité
m'a dénoncé en public tract téléguidé
sur la classique infiltration des gauchisssses
pour faire du trouble sur le manège

puis il en eut assez
m'a envoyé des gorilles de l'exécutif
menaces de violence douloureuse
ma seule défense téléphone arabe
solidarité immédiate mes propres gardes du corps

5.

dans l'atelier des presses à métal
cinq ans suffisaient pour perdre
un morceau de doigt une main

dans l'atelier de montage des autobus
il fallait un instant d'inattention
pour qu'un châssis tombe ou frappe

dans l'atelier de peinture
il fallait plusieurs années
pour encrasser poumons cerveau et cœur

dans l'entrepôt
les maux de dos
brisaient la force de l'âge

on mourait parfois
pour gagner sa vie

(janvier-avril 2012)

observations

astronaute

space is the place
sun ra

chaque chose est rangée
comme une sardine
dans cette boîte métallique
qui constitue un vaisseau spatial
lancé à plus de vingt mille kilomètres-heure
après des préparatifs minutieux
pour se rendre quelque part
mais le voyage est ce qui compte
et la distance n'est que du temps
celui qu'on espère
même si on ne s'attend pas
à tout voir en chemin

(septembre 2007)

l'art et la vie

les petites feuilles de papier
permettent les poèmes courts
les petits sentiments
donnent lieu à des aventures médiocres

les grandes feuilles de papier
invitent les longs romans
les grands sentiments
ne garantissent aucune aventure

(décembre 2007)

servitude volontaire

d'après une peinture de rené magritte

des hommes flottent
au-dessus de la ville
comme des gouttes de pluie

des fonctionnaires
chapeau melon et pardessus noirs
les traits tirés
par l'ignorance du sourire
exercent des fonctions ridicules
d'adjoint de l'assistant
du responsable des tâches infimes
l'infinitésimale importance
des sparages des hommes

il n'y a que cet éclair de lune
qui peut les amener ailleurs
où il y a du vivant

(janvier 2009)

l'argent est un réservoir symbolique d'où débordent nos envies

la fée des dents
le lapin de pâques
la grosse citrouille
le père noël
les banques
les sociétés de courtage
et la valeur des actifs fumeux

si on cesse d'y croire
ils disparaissent

(janvier 2009)

impressions de st. john's

c'est dans la tête
que newfoundland devient terre-neuve
et que st. john's devient saint-jean
une ville d'abord british irish un peu scottish
d'abord un port aussi temporaire que l'été
puis une ville venteuse comme pas une
accrochée à des collines
construite en étages rapprochés
qui joue aux serpents et aux échelles
comme ces coureurs énergiques
croisés tous les matins sur le chemin signal hill

au sommet de la colline devant l'atlantique
ces coulées de verdure sur la falaise
un bunker cubique et des canons pour avertir la ville
que quelqu'un arrive par les narrows

d'un côté le port de l'autre l'océan
et des bateaux
qui fréquentent les icebergs du groenland
décollés de chez eux
pour s'attacher aux côtes de terre-neuve
une pause avant la dernière étape
la disparition maritime

j'ai été au chevet d'un iceberg
j'ai même communié à sa glace
ce n'était pas une expérience religieuse
mais une tentative de communication géologique

(juin 2009)

entendu de mes amies (ter)

pour françoise

lui
il fait vibrer
mes ovaires

le meilleur compliment
que j'ai fait à un homme
après l'amour
c'est lui dire
bébé bouge pas
je vais te faire un sandwich

c'est juste au dessert qu'il m'a dit
qu'il voulait me fourrer
dans une croûte de tarte
puis me mettre au four
pour me déguster
je suis partie
j'en avais assez de ses doubles sens

il m'a dit
tu es la femme de ma vie
il avait tout planifié
du mariage aux enfants aux réer
j'ai eu peur

(2010)

des mots

les mots sont des arbres
qu'il faut laisser pousser
pour les déposer ensuite
sur les pages du dictionnaire
après un voyage tortueux
dans l'usage

les mots cultivent des enfants
pour étendre leur ramure
sur le présent de leur sens
éclairé par des siècles de voyage

les mots sont des plantes
à cueillir dans la joie
de partir à l'aventure
dans l'imaginaire débordant

(mars 2010)

philosophie

dans le fond du tonneau
la lumière vient d'en haut
quand il y en a

au plus profond de la mine
la lumière vacille
quand le gaz approche

dans la tranchée étroite
la lumière clignote
quand des visages fument

dans les sables mouvants
la lumière disparaît
quand ils nous ferment les yeux

dans le creux de la vague
la lumière vient du dedans
quand on la cherche

(avril 2010)

aujourd'hui le moyen-orient

berthold brecht avait raison
c'est le prix du pain
et une soif imprécise de dignité
qui soulèvent le peuple
affamé d'une vie nouvelle encrée de liberté
contre la cleptocratie qui le gouverne
et parfois ça réussit
le dictateur s'évanouit
avec sa famille et ses millions
pourvu que l'armée la police la milice
ne confondent pas stabilité du pays
et loyauté à la dynastie

(février 2011)

voleur de temps (anecdote)

vous êtes entre de bonnes mains
non je n'ai pas dit propres

une amie confie ses dettes
comme on confie son avenir
à une société financière angélique
pour consolider le passé
et rendre le présent endurable

la société a empoché un paiement
destiné à des créanciers impatients
après avoir consolidé son présent
elle a décampé sans passé

(février 2011)

le poème veut transformer la pierre en prière

pour j. r. léveillé

ce cri ce murmure fou
qui veut insuffler de la vie
à ceux et celles qui entendent
donner un sens aux événements du cœur
dans le désordre du monde

ces paroles ces mots intemporels
qui veulent définir la paix nécessaire
pour goûter le présent des autres
dépasser l'entendement
la glu de la misère

ces plongeons ces escalades
à l'intérieur du poème
ces renforcements nourris
par l'amour du langage

oui c'est vrai
la force est toujours immanente

(mai 2011)

mécanique économique
(une théorie de la valeur)

je m'intéresse moins
à la fabrication des objets
qu'à l'usinage des machines
qui fabriquent les objets

qui a inventé
les machines qui manufacturent
les hauts fourneaux qui produisent l'acier
qui a inventé les machines
qui usinent les presses à découper
les perceuses à air comprimé
les rectifieuses coudées et
le simple tournevis
qui façonnent et corrigent les objets

ces machines n'existent pas
sans travail humain à la source du reste
qui invente les machines qui fabriquent les objets
qui se marchandisent
dans les magasins

(mai 2011)

eaux

ici il ne pleut jamais
ce qu'il faut
pour remplir les réservoirs d'énergie
mais il pleut toujours ce qu'il faut
pour que rivières et lacs débordent
pour engloutir nos permanences

nous n'avons
pas toujours
le temps de
respirer

ne reste qu'à fuir
durer dans l'incertain
puis revenir pour constater
parfois même rebâtir

(juin-juillet 2011)

musiques

personnalités

en souvenir de gérald leblanc

je chante comme une casserole
les colocs

pendant quelques minutes
je peux devenir une chanson country
me prendre pour la guitare ou le chapeau
de marcel martel ou willie lamothe
l'envie d'un amour ridiculement tragique
et d'une puissante camionnette ford
des images de trahison glauque
de sexe évidemment coupable
et de sentimentalité à la con
de grosses blondes à gros seins
qui attendent impatientes
dans la camionnette fatiguée
à écouter la tristesse à la radio

pendant quelques heures
je peux devenir une chanson rock
et les steppettes qui viennent avec
de l'énergie à tout casser
pour tout casser
remettre à zéro les rites de l'amour
le cœur et le sexe veulent prolonger la nuit
avant de prendre la route à l'aube
pour nulle part
qu'importe la route
pourvu qu'on dévore la vie
le mouvement suffit aux immortels

pendant quelques jours
je peux devenir un air de free jazz
quand j'entends un bris de chaînes
le battement d'ailes enragées
gorgées de couleurs improvisées
le temps ne s'écoule plus dans le sablier
la musique atteste l'instantané
à deux doigts de l'extase
les notes ouvrent la porte
à un savoir furieux
de ses limites bruitistes
la terre ne tremble jamais sans raison

(septembre-octobre 2009)

saturne dans l'espace

pour sun ra et son intergalactic myth science
solar astro infinity blue universe cosmo jet set
outer space omniverse research arkestra

il disait être un terrestre
de quelque part ailleurs
il comprenait que la musique
ne reconnaît pas les frontières
elle ne connaît que les points de passage

il voulait tout englober
tous les arts et l'auditoire
dans la vibration sonore
de l'espace sidéral du dedans
où l'infini habite une beauté
parfois assourdissante

il imaginait des climats de transe joyeuse
des concerts frisant la lévitation
des fêtes animées par un philosophe
au piano épisodique
au synthétiseur insistant

du swing au be-bop au doo-wop
du rythm 'n' blues au free jazz
il savait que l'exploration spatiale
exige du travail d'équipe

(août 2010)

swing

pour le ron paley big band
et le winnipeg jazz orchestra

ain't no sin
to take off your skin
and dance around
in your bones
w. donaldson - e. leslie

j'aimerais avoir le swing d'un big band
qui se propulse comme un train
avalant les partitions qui flottent
sur les rails de l'instant

les pointes d'allégresse des cuivres
au-dessus de la section rythmique
rappellent les battements ordinaires de la vie
les accents intermittents vers le paradis

de son côté du tempo la mélodie sinueuse
piano clarinette saxo
ou trompette ratoureuse
séduit les oreilles ouvertes des danseurs
à la noblesse conquise du comte du duc

imbriqués dans le décor musical
les solistes s'en donnent à cœur joie
à cœur blues cœur amour cœur ouvert
dans la générosité de l'improvisation

(août 2011)

a horn for john zorn

le musicien au saxo métallique
écrit de la musique en marchant
dans les rues brumeuses de manhattan
mâchant roches et déserts anciens
se brossant les oreilles
avec des outils littéraires
à l'écoute de la musique entre les mots

maître du collage dans la ville nue
quand il ne mélodie pas des films
il excite le collagène des traditions juives
d'europe de l'est il va sans dire
elle s'appelle masada
sa forteresse musicale
aux murailles amovibles

pasticheur d'ambiances et pilleur immense
ce sans-gêne pratique des jeux de hasard
avec ce qu'il cueille autour en lui
avec une vingtaine de pirates
instrumentistes sans peur
qui recréent ses voyages culturels
dans la musique du livre des anges

(mai-juin 2012)

émotions

jardinage

oui on en a des légumes
madame bolduc

pour ma soeur hélène

les oignons ont la peau mince
cette année dit-elle
on arrive vite au cœur inexistant
une couche à la fois
lui c'est la peau d'un concombre
dit-elle
et parfois d'une noix de coco
faut l'éplucher
couper dans le neutre
parfois bûcher
pour arriver à un cœur
liquide

(septembre 2007)

une tradition

un bref silence
brisé par la respiration
de deux corps tricotés serrés
un signe que tout va bien

émaillés de sueur méritée
ils brûlent des calories
pour dévorer leur présence
leur mémoire s'allonge
à la mesure de leurs paroles
un signe que tout va bien

les bruits donnent à rire
de même que les soupirs contents
après l'examen des parties vitales
ils s'enfilent comme un chandail
puis roulent sur le plancher
comme une balle de laine
sur son air d'aller
un signe que tout va bien

(14 février 2008)

examen de conscience

après une gorgée de vin
il lui demande
à quoi elle songe
elle lui répond
qu'en penses-tu

une autre gorgée de vin
pour réfléchir à la question
il murmure
hésitant
à tout ce qui nous fait
elle se surprend
à lui dire
tu as raison
mais il poursuit
par souci d'équilibre pense-t-il
et à tout
ce qui ne nous fait pas

elle lève les yeux

la suite
est à l'extérieur du poème

(juin 2008)

ponctuation

à coups de virgules
nous frissonnons
jusqu'au point d'exclamation
les questions
viendront bien
en temps utile

nous savons écrire
la fougue ordonnée
d'un certain présent
d'une certaine intensité
tant épidermique que neuronale
une urgence bleue
une pulsation

le contact amoureux
nous sommes pour

(septembre 2009)

réfléchir n'a jamais tué personne

1.

je ne suis pas prêt à mourir
de quelque façon que ce soit
pour quoi que ce soit
mais pour qui que ce soit
je vais y penser

une mort solidaire

2.

quand est-ce
qu'on est prêt à mourir
est-ce jamais
ou quand on accepte
que c'est la seule solution
au problème grisâtre
ou à la joie excessive
d'être en vie

3.

je ne sais pas mourir subitement
mais ça n'a pas d'importance
n'est-ce pas
je ne sais que mourir à petit feu
des braises lentement éteintes
une fatigue cellulaire
qui connaît l'échéance programmée

l'usure fatidique quoi

(décembre 2009)

des enfants que je connais

les yeux de mélita
ignorent nos rituels
de vie en commun
une opinion sans censure
est leur arme de choix

les yeux de léa-rose
réchauffent la maison
pour climatiser la joie
nous sourions automatiquement
sans trop savoir pourquoi

les yeux de vanessa
construisent des éclaircies limpides
dans les orages
qui lessivent notre esprit
le corps transpercé du nord au sud

les yeux de vincent
n'affichent ni secrets ni regrets
étonnés en permanence
ils s'arrondissent
pour nous englober tous

(janvier 2010)

animaux

pour vincent à deux ans

assis sur la berceuse
euclide lapin pelucheux
se parle tout bas

socrate ourson tranquille
apparaît sur le sofa
surprise dans les yeux de tous

sommeil de grenouille
galilée sur la table vitrée
l'enfant n'attend pas

voltaire vache moelleuse
se prélasse heureuse
trop tard l'enfant est là

émile perroquet tricolore
écoute distraitement
l'enfant qui parle qui parle

diderot le dinosaure
attend en tenant compagnie
à la grand-mère numérique

diogène le dragon
se réjouit parfois a peur
dans la boîte de jouets
son tour viendra

(juillet-août 2011)

communication

je suis celles et ceux
que j'ai aimés et aime
et non pas
ceux et celles
qui m'aiment et m'ont aimé

je suis
ce que regardent
les autres
mais pas toujours
ce qu'ils croient voir

un obstacle
cette mince couche de chair
que seul peut traverser
un langage de mots usés
et de gestes imprécis

(mars 2010)

l'hiver se termine un jour

les interminables cristaux de glace
fondent lentement

la sève dégelée monte
jusqu'à ma main
sur ton visage

il ne me reste qu'à parler
du printemps

(septembre 2010)

libido

pour elle et david donnell

quand on s'ébat
comme deux mammifères en rut intense
avec plus de sentiment
tout de même
après une poitrine de poulet avec sauce aux figues
et un couscous
qui rappelle le moyen-orient en guerre
plus ou moins permanente
on se surprend parfois
à comprendre quelque chose à cette histoire
de sexe
l'art de l'expression corporelle
à son plus plaisant et parfois un mosh pit
quelque chose aussi de végétal
un bouquet d'orchidées image du paradis
comme les fleurs qui poussent gracieuses
en accéléré à la télé
ou une salade aux épinards champignons amandes
le toucher calme ou nerveux d'un corps électrisé
ah ce besoin de contact
on se surprend à comprendre
des éléments de biologie et de génétique
la persistance obtuse de la vie
mise en musique ce soir par fats domino
le pianiste qui a inventé la pizza épicée

(novembre 2010)

à quoi rêve le peuple

mon avenir commence demain
je veux survivre jusqu'au réveil
en ne rêvant pas trop fort
je dois éliminer la couleur
les courses dans les rues
poursuivi par un animal fantastique
les gratte-ciel étourdissants
les murs qui se referment sur moi
les chutes vertigineuses
toujours interrompues merci
je dois faire la mise au point
de ma caméra imaginaire
pour percer la brume
le flou myope de tous les rêves
où comme dans la vie consciente
je ne vois rien sans mes lunettes

(janvier 2011)

déséquilibre

les amours inégaux courent les rues
comme une normalité exécrable
qui domine qui cède
qui aime plus que l'autre
qui aime trop et ne peut supporter
moins chez l'autre
qui aime comme il peut
dans la misère actuelle
hantée par la faim amoureuse
où qui se connecte reste seul
qui connaît tout ne comprend rien
c'est toujours
une question d'attentes démesurées
de pulsions irrésistibles

c'est plus difficile
de sortir l'amour vorace
de deux amoureux éperdus
que de sortir le pays d'un exilé

(janvier-février 2011)

éducation

j'apprends à apprendre le temps
son immobilité relative
pour un arrêt dans un moment de joie
le choc sensuel d'un souvenir imprévu
qui lui fait reprendre sa course
à l'envers

j'apprends à apprendre le temps
son mouvement saccadé
quand la passion mène le débat
qu'elle accélère les secondes
remplies à ras bord d'adrénaline
l'attraction est un phénomène neurochimique

j'apprends à apprendre le temps
son présent perpétuel
qui me permet de me faufiler partout
de traverser les siècles avec qui je veux
dans ma bibliothèque

(mars 2011)

pleurs

si les abeilles venaient à disparaître,
l'humanité n'aurait plus que quatre années devant elle
albert einstein (citation apocryphe)

il est difficile de ramer à contre-courant
de l'indifférence rugueuse sous la grêle
de contrôler le gouvernail dans la tempête
ou dans le calme plat des jours sans désir
j'imagine des rivières de cadavres
dans mes nuits les plus noires
des pays en feu à l'abandon
après le dépouillement

dans l'information qui traverse la mémoire
trop d'horreurs s'accrochent incessantes

je pleure les trucidés les éventrés
qui ne comprennent pas ce qui leur arrive
je pleure les vies engluées dans le médiocre
ou dans la faim de quelque chose
je pleure ceux et celles qui meurent
en célébrant les mots indignes et interdits
ceux et celles qui survivent brisés
jour après jour comme des fantômes
et les abeilles qui disparaissent
tuées par on ne sait trop quoi

(mars-avril 2011)

solitude

quand il le veut
il se rappelle toujours
ses premières fois
le monde et ses merveilles
il a tellement à apprendre dans la peau

est-ce pour ça qu'il aime la lecture
sa joyeuse solitude habituelle
il n'a pas le temps de ne rien faire
n'a pas peur des grands trous noirs
qui avalent tout
ne rotent que des ruines

il réussit pourtant à créer une présence floue
aussi publique qu'il le veut bien
dans le monde qu'il ralentit à son rythme
pour ne pas courir trop vite vers la fin

(octobre 2011)

point de vue

elle fait l'amour
comme si elle voulait compenser
le temps perdu
à cesser de se connaître
parmi les autres
elle ne cherchait plus elle bougeait
elle fait du rattrapage de vie
dit-elle

il se dit plus calme
mascarade de moine zen
il a perdu ce qu'il a perdu
du temps peut-être
et d'autres importances
c'est fait sans regrets
il se veut dans l'instant du contact

il essaie
comme elle

(octobre-novembre 2011)

à la fin du jour

à la mémoire de louis leblanc
(14 mai 1922 - 16 août 2012)

de dos l'escalier ressemble
à une mâchoire de requin
deux rangées de dents affamées
qui s'étirent vers le ciel
dans la cour asphaltée

balançoire avec mon père
berçant ma bière frisquette
il est cinq heures apéritives
heure de chasse des requins
aujourd'hui nous sommes tous en vacances
même si les requins jamais

à l'affût des embuscades
lui qui n'a jamais eu le goût
ni le temps de contempler
le monde par la fenêtre
quand il pouvait chasser
m'a parlé de lui-même
de ses requins et ses trophées
m'a posé les questions d'usage
les enfants la job le retour possible

m'a parlé de son jardin silencieux
qu'il ne cultivera pas cette année
sa vue prend le chemin des ombres
que connaissent les requins
lui qui n'a jamais porté de lunettes
sauf pour les mots cachés du journal
ces dernières années agricoles

sa mémoire du présent s'effiloche
mais sa mémoire du passé
s'étire dans le temps retrouvé
celui qui vit sous la vie
qui survit aux requins
au cœur des histoires que racontent
ceux qui restent

(juin-juillet 2012)

chanson

même si

même si la pièce ne vaut pas le décor
que les acteurs s'ennuient à jouer
même si le bateau penche à tribord
tous ses systèmes désorientés
même s'il prend l'eau et perd le nord
et que l'argent dévore le monde
même si l'amour parfois prend le bord
d'une petite vie grise et frustrée

il faut s'aimer
comme si c'était le seul possible
comme si c'était ce qu'il faut faire
pour conquérir le noir trop bleu
pour inventer une nouvelle vie

même si c'est la loi du plus fort
qui justifie toutes les violences
même si des ombres trafiquent des corps
que la cruauté semble normale
même si le mal a toujours tort
qu'il sait gagner quelques batailles
même si en dedans comme en dehors
il pleut des clous les fleurs sont rares

il faut s'aimer
comme si c'était le seul possible
comme si c'était ce qu'il faut faire
pour conquérir le noir trop bleu
pour inventer une nouvelle vie

il nous reste
chaque jour à vivre
comme le nôtre
chaque pierre placée
l'une dessus l'autre
chaque geste posé
l'un après l'autre
chaque joie gagnée
l'une avant l'autre

même si l'espoir plus faible que fort
a oublié d'écrire l'avenir
même si le bonheur acheté endort
qu'on n'a plus le goût de réfléchir
même si ça demande pas mal d'effort
de vivre les yeux tout grand ouverts
même si au bout il y a la mort
le temps passé est sans appel

il faut s'aimer
comme si c'était le seul possible
comme si c'était ce qu'il faut faire
pour conquérir le noir trop bleu
pour inventer une nouvelle vie

(juillet-août 2012)

Quelques poèmes ont été publiés, dans une version parfois légèrement différente, dans les livres et périodiques suivants :

des briques pour un vitrail (Éditions du Blé, 2008) : « les voix humaines sont intarissables ».

Sillons (Éditions du Blé, 2008) : « quelques mots pour gabrielle ».

Contemporary Verse II (Winnipeg, vol. 33, n° 2, automne 2010) : « impressions de st. john's » et « des enfants que je connais ».

table des matières

soubresauts

combats

observations

musiques

émotions

chanson

1.
Charles Leblanc
PRÉVIOUZES DU PRINTEMPS
poésie

2.
Alexandre Amprimoz
DIX PLUS UN DEMI
poésie

3.
J.R. Léveillé
L'INCOMPARABLE
essai (littéraire)

4.
Suzanne Gauthier
VORTEX
livre d'artiste

5.
Bernard Mulaire
CHIEN
essai (beaux-arts)

6.
Marcel Gosselin
DELTA
livre d'artiste

7.
J.R. Léveillé
MONTRÉAL POÉSIE
texte

8.
Janick Belleau
L'EN-DEHORS DU DÉSIR
poésie

9.
Charles Leblanc
D'AMOURS
ET D'EAUX TROUBLES
poésie

10.
Louise Fiset
404 BCA – DRIVER TOUT L'ÉTÉ
poésie

11.
Charles Leblanc
LA SURCHARGE DU RÉSEAU
poésie

12.
Jean-Pierre Dubé
LA GROTTE
roman

13.
Charles Leblanc
CORPS MÉTÉO
poésie

14.
Louise Fiset
SOUL PLEUREUR
poésie

15.
Marcel Gosselin
MOZES
livre d'artiste

16.
Marc Prescott
BIG! / BULLSHIT /
SEX, LIES ET LES F.-M.
théâtre

17.
Charles Leblanc
L'APPÉTIT DU COMPTEUR
poésie

18.
J.R. Léveillé
NOSARA
roman

19.
Guy Gauthier
JOURNAL 5.1
journal

20.
Marc Prescott
L'ANNÉE DU BIG-MAC
théâtre

21.
Louise Renée
TÍR NA N-ÓG
roman

22.
Jean Chicoine
LES GALAXIES
NOS VOISINES
roman

23.
Charles Leblanc
HEURES D'OUVERTURE
poésie

24.
Marc Prescott
FORT MAC
théâtre

25.
Jean Chicoine
LA FORÊT DU LANGAGE
roman

26.
Marc Prescott
MES SHORTS
théâtre

27.
Charles Leblanc
SOUBRESAUTS
poésie

www.ingramcontent.com/pod-product-compliance
Ingram Content Group UK Ltd.
Pitfield, Milton Keynes, MK11 3LW, UK
UKHW022013260726
13994UKWH00006B/2439

9 782923 673929